Anwar Tapias Lakatt

Apologética en un minuto

Respuestas cortas a preguntas precisas

Volumen 1

Copyright © 2015

ISBN 978-958-46-6783-0

Primera edición

Agradezco primeramente al Señor por permitirme sacar a la luz esta obra, a mi esposa por su apoyo y a mis padres por creer en mí.

Índice

Prólogo 9

¿Puedo decirle "Padre" al sacerdote? 11

¿Murió Jesús en una cruz o en un madero vertical? 15

¿Por qué Jesús no le decía madre a la Virgen María? 19

¿Los muertos duermen? 23

¿Quién es la piedra en Mt 16, 18? 27

Las imágenes y los ídolos 31

Los católicos y la planificación familiar 35

¿Es bueno escuchar música no católica en el ámbito espiritual? ... 39

¿Cómo dialogar con un no católico? 43

Esto es mi Cuerpo ¿Real o simbólico? 47

Santos verdaderos y "santos" falsos 51

¿La Ramera mencionada en el Apocalipsis es la Iglesia? 55

¿Constantino fundó la Iglesia Católica? 59

¿Las inicias en la Hostia: IHS son signos paganos egipcios? 67

¿Es inmaculada la Virgen María? 69

Prólogo

Es para mí una alegría, presentarles este libro de mi amigo Anwar Tapias Lakatt, que viene a llenar un vacío en nuestras librerías católicas.

Los manuales de Apologética suelen ser densos, con un lenguaje teológico elevado que pocos católicos pueden entender. Lo que el católico de hoy busca es un libro sencillo, que en pocas palabras pueda darle herramientas de conocimiento que le ayuden a estar *"siempre dispuestos a dar respuesta a todo el que les pida razón de su esperanza."* (I Ped 3,15).

Anwar tiene la virtud de escribir de manera ágil y concisa, volviendo así el libro agradable a la lectura, muy bien fundamentado en las Sagradas Escrituras y en el Magisterio de la Iglesia.

Esperamos que sea el primero de una serie de libros. Estoy seguro que disfrutaras de su lectura tanto como lo hice yo.

P. Carlos García Llerena
   sacerdote Eudista
     @padrecharly

¿Puedo decirle "Padre" al sacerdote?

Esta pregunta es muy común entre las denominaciones no católicas cuando nos observan llamar "padre" a nuestros queridos sacerdotes. Para algunos es extraño y errado que le llamemos de esta manera. ¿Por qué? Todo se remite a una cita bíblica en el Evangelio en donde Cristo afirma: *"A nadie en el mundo llamen "padre", porque no tienen sino uno, el Padre celestial".* **(Mt 23, 9)** ¿Cómo entender estas palabras?

Lo primero a entender es que el texto es más amplio y en él, Cristo prohíbe varios términos: doctor (23, 10), maestro (23, 8) y padre (23, 9). Curiosamente con doctor y maestro no ha habido problemas; por ejemplo Fernando Casanova (ex-pastor pentecostal de Puerto Rico) antes de su conversión a la Iglesia era "doctor" en Teología. ¿Dónde radica la prohibición de Cristo? En que los fariseos gustaban apropiarse de estos términos. El contexto del pasaje lo enseña:
"Los escribas y fariseos ocupan la cátedra de Moisés **(verso 2)**.

Cristo critica la postura de los fariseos a quienes les gustaba ser adulados. Por eso más adelante afirma Cristo:
"Todo lo hacen para que los vean **(verso 5),** *les gusta…<u>ser saludados en las plazas y oírse llamar "mi maestro" por la gente.</u>* **(verso 7)**.

Cuando Cristo prohíbe llamar a alguien "padre" y dice que padre sólo es Dios, implica el concepto de padre como generador de la existencia, como dador de vida, y sabemos que sólo Dios es creador de todo cuanto existe. Es decir, no debemos llamar a más nadie como "padre" en el sentido de pensar que es el creador de todo cuanto existe, pues así lo entendían en la antigüedad otras creencias. Sin embargo, esto no significa que no podamos usar el término en un contexto diferente aun cuando sea espiritual.

Dentro de los mandamientos el mismo Dios nos pide: *"honrar a padre y madre"* *(Ex 20, 12)*. Si estuviera mal llamar a alguien como padre, no se entendería este mandato precisamente con este término. Incluso el Evangelio menciona padres respecto a hijos **(Lc 1, 17)**; María Santísima menciona la promesa a los "padres" en favor de Abraham **(Lc 1, 55)**; o cuando Jesús es buscado por sus "padres" cuando estaba en el Templo **(Lc 2, 51)**.

Por otro lado, el término es usado en un sentido espiritual y así lo usó San Pablo llamando hijos a quienes no lo eran físicamente:

"Por esta misma razón les envié a Timoteo, **mi hijo muy querido y fiel en el Señor"** *(1 Cor 4, 17)*. Incluso, siente que engendra a los fieles en la fe, como un padre espiritual:

Porque, aunque tengan diez mil preceptores en Cristo, **no tienen muchos padres: soy yo el que los ha engendrado en Cristo Jesús**, *mediante la predicación de la Buena Noticia.* **(1 Cor 4, 15)**

Así que con confianza y amor sigamos llamando "padre" a nuestros queridos sacerdotes, pues son nuestros padres espirituales.

Refuerzo

Leer 1 Pe 5, 13. ¿Por qué San Pedro llama "hijo" a Marcos?

Según el pasaje de Mt 3, 9, ¿Crees que Cristo lo que condenó era que los judíos llamaran "padre a Abraham"?

¿Murió Jesús en una cruz o en un madero vertical?

Hay un tema que se presenta cuando llegan a tocar nuestra puerta los testigos de Jehová, una denominación no cristiana que enseña que Jesús no murió en una cruz sino en un madero. ¿Qué les podemos responder?

Es evidente que en la iconografía cristiana siempre se representa a Cristo en una cruz, sin embargo los testigos de Jehová niegan esto aduciendo a que el término bíblico "estauros" significa madero o estaca. Si bien es cierto que uno de los significados es ese, no es el único y cruz es un significado también. Pero hay un punto adicional, la palabra estauros contiene el término hebreo tau, que bien sabemos que es la letra T, lo que sí implica el uso de dos maderos para formar la cruz.

Podríamos apelar a las muchas citas bíblicas que nos muestran el uso de la cruz, pero la Biblia de los Testigos de Jehová ha sido alterada a su favor. Por ejemplo:

*En cuanto a mí ¡Dios me libre gloriarme si nos es en la **cruz** de nuestro Señor Jesucristo, por la cual el mundo es para mí un **crucificado** y yo un **crucificado** para el mundo!* **(Gal 6, 14)**

Sin embargo la cita de los testigos de Jehová la traduce así:

Jamás suceda que yo me jacte, salvo en el **madero de tormento** *de nuestro Señor Jesucristo, mediante quien el mundo ha sido fijado en un madero para mí, y yo para el mundo.* **(Gal 6, 14)**

Los testigos de Jehová cambiaron la cruz por madero de tormento, por ello representan a Jesús en sus dibujos con las manos extendidas en un madero vertical. Pero vamos al análisis: Si Jesús realmente fue clavado en un madero, sus manos quedan extendidas sobre su cabeza, ¿Dónde entonces fue puesto el letrero mencionado en la Escritura? San Mateo nos dice:

Sobre su cabeza *pusieron, por escrito, la causa de su condena: «Este es Jesús, el Rey de los judíos.* **(Mt 27, 37)**

¿Cómo podían poner el letrero sobre su cabeza si sus brazos se extendían hacia arriba? Esta cita tumba el argumento del madero y muestra que Cristo debió ser crucificado con los brazos extendidos a los lados y clavados en el madero horizontal. Los Testigos de Jehová han querido colocar el letrero sobre sus manos pero esto contradice el texto bíblico.

Adicionalmente, si Cristo murió en un madero se usaría un solo clavo para los brazos, pero Santo Tomás dice:
Si no veo en sus manos la señal de **los clavos** *y no meto mi dedo en el agujero de* **los clavos** *y no meto mi mano en su costado, no creeré* **(Jn 20, 25)** Menciona clavos en plural porque fue uno en cada mano, por ser crucificado con los brazos extendidos.

Finalmente, cuando Cristo le anuncia a Pedro la clase de muerte que tendría le dice:

"*Cuando seas viejo,* **extenderás tus brazos***, y otro te atará y te llevará a donde no quieras*". *(Jn 21, 18)*

En la muerte por crucifixión se extendían los brazos, algo que contradice firmemente la doctrina errada de los Testigos de Jehová.

Recordemos que Jesús murió en Jerusalén, capital de Judea, una provincia del imperio romano en la época de Jesús, el cual tenía entre sus métodos de tortura la crucifixión. Historiadores antiguos como Tácito, Cicerón o Flavio Josefo, incluso Cayo Suetonio mencionaron de casos de crucifixión en el imperio romano. Que Cristo muriera crucificado era lo más normal de su época.

Refuerzo

Leer Hch 5, 30 (palo vertical) y Jn 19, 17 (palo horizontal) para identificar los dos maderos de la cruz.

¿Por qué Jesús no le decía madre a la Virgen María?

Esta es una de las preguntas que muchas veces he tenido que responder en distintos debates con no católicos, pues han encontrado en ello, un argumento para cuestionar la doctrina de la Iglesia sobre la Santísima Virgen María.

Al leer los Evangelios, vamos a notar diálogos entre Jesús y María, pero vemos que Cristo nunca llamó a María como "madre" o "mamá". Esto da pie a que algunos erradamente digan que Jesús no amaba a María, a otros a decir que María no tenía importancia y otras ideas erradas más Pero, ¿por qué Cristo hizo esto?

Cuando Cristo se refería a su madre, la llamaba "mujer". Esto es un "título" con que la Escritura nos quiere relacionar a María con la mujer prefigurada en Génesis:
"Enemistad pondré entre ti y la mujer, y entre tu linaje y su linaje: él te pisará la cabeza mientras acechas tú su calcañar." **(Gen 3, 15)**. Esta mujer no es Eva porque ya fue vencida por la serpiente, y al ser vencida ya no está en enemistad con ella.

Posteriormente, el Apocalipsis nos mostrará a la mujer vestida de sol:
Y apareció en el cielo un gran signo: una Mujer revestida del sol, con la luna bajo sus pies y una corona de doce estrellas en su cabeza. **(Ap 12, 1)**. La Iglesia ha visto en esta "mujer tanto al pueblo de Dios (que sufre dolores de parto), como a María (por ser la madre

de Cristo), como a la Iglesia (por sufrir persecuciones el resto de sus hijos). Hay una triple simbología en esta mujer.

Jesús, en el Evangelio de San Juan le dice:
Jesús le respondió: "Mujer, ¿qué tenemos que ver nosotros? Mi hora no ha llegado todavía". **(Jn 2, 4)**
Esto no es para nado algo despectivo, sino que nos coloca para entender bien el papel de María. Cristo llama a María de la misma forma en que Adán llamó mujer a Eva. Hay un paralelo entre estas dos vírgenes, una obediente y fiel (María) y una desobediente (Eva).

Incluso al pie de la cruz le dice:
¡MUJER, he ahí tu hijo! **(Jn 19, 26)**

Para comprender bien este título veamos que:

a) En las mismas citas en que la llama "mujer", el Evangelista deja claro que se trata de SU MADRE: "*Y cuando Jesús vio A SU MADRE, y al discípulo a quien Él amaba que estaba allí cerca, dijo a su MADRE*" **(Jn 19, 26)**

b) María misma llama a Jesús como HIJO: *Al verlo, sus padres quedaron maravillados y su madre le dijo: "HIJO MIO, ¿por qué nos has hecho esto? Piensa que tu padre y yo te buscábamos angustiados".* **(Lc 2, 48)**

De esta forma, no se puede suponer que Cristo no amaba a María, al contrario. Pero aun así, otro ataque es que Jesús también llamó mujer a otras y no por eso era un título **(Jn 20, 15)**. En esos pasajes, no hay otra forma en que mencionen a la mujer, sino como "género", en cambio en los pasajes mencionados, es un distintivo que el texto nos quiere resaltar, mostrando una nueva forma de identificar a quien ya es mencionada como MADRE.

Refuerzo

Leer Lc 13, 11-12 y Mt 15, 22-28 y revisar como Jesús llama "mujer" a personas que no conoce y que sólo con la palabra "mujer" las identifica el evangelista (como género). Esto es distinto al caso de María.

¿Los muertos duermen?

La Fiesta de todos los Santos es una celebración litúrgica que nos recuerda cómo se vive la comunión en el Cuerpo de Cristo, y es un tema que es importante; estudiemos del Catecismo un literal sobre esto:

CIC 957 *La comunión con los santos.* "No veneramos el recuerdo de los del cielo tan sólo como modelos nuestros, sino, sobre todo, para que la unión de toda la Iglesia en el Espíritu se vea reforzada por la práctica del amor fraterno. En efecto, así como la unión entre los cristianos todavía en camino nos lleva más cerca de Cristo, así la comunión con los santos nos une a Cristo, del que mana, como de fuente y cabeza, toda la gracia y la vida del Pueblo de Dios"

De este modo, la comunión implica una relación, un amor fraterno, que sólo se puede dar entre dos personas. Y es aquí donde se genera el problema por parte de no católicos sobre la aceptación de esta verdad, ya que según ellos, no puede haber comunión sencillamente porque los muertos están dormidos y no pueden escuchar nuestras oraciones. Para ello, acuden a citas como:

Porque los que viven saben que han de morir; pero los muertos nada saben, ni tienen más paga; porque su memoria es puesta en olvido. ***(Eclo 9, 4-5)***, u otras como (Sal 6, 5), (Job 14, 12.21), (Dan 12, 2). Incluso, en el Nuevo Testamento citan: *"Tampoco* queremos, hermanos, que ignoréis <u>acerca de los que duermen</u>, para que no os entristezcáis como los otros que no tienen esperanza" **(1 Ts 4, 13).**

Para responder a estas citas, es importante tener claro que cuando alguien moría en el AT, e incluso antes de la Resurrección de Cristo, se iba al Sheol, no al cielo como sucede después de la Resurrección. Esto es clave para no permitir que los no católicos, atribuyan a los que mueren en Cristo, el mismo estado de quienes morían antes de la Resurrección. Es por ello que los judíos concebían que en el Sheol no se podía hacer nada y de ahí que el estado de un muerto se considerara sin memoria. Pero cuando leemos a Cristo explicar la parábola de Lázaro y el rico, observamos algo distinto. Cristo nos enseña que una vez en el abismo, el rico es "consciente de su estado" y sobre todo de lo que sucede en la tierra con sus familiares: El rico contestó:
"Te ruego entonces, padre, que envíes a Lázaro a la casa de mi padre, porque tengo cinco hermanos: que él los prevenga, no sea que ellos también caigan en este lugar de tormento" **(verso 28).**
Como se lee, el rico estaba consciente, aunque ya había muerto. Así, Cristo nos enseña que los muertos sí son conscientes de su estado. Entonces, ¿por qué la Biblia menciona que duermen?

Si observamos el estado de un muerto y de alguien durmiendo, vemos que la posición corporal y la apariencia es similar, de ahí que se considera que los muertos duermen. El uso del término "dormir" es metafórico cuando se refiere a los muertos. Además de Cristo enseñarlo con la parábola de

Lázaro y el rico, lo observamos también en Apocalipsis, en donde leemos:

- *Almas siendo conscientes de lo que vivieron en la tierra clamando a Dios justicia* **(Ap 6, 9-11)**
- *Una muchedumbre de pie delante del trono alabando a Dios* **(Ap 7, 9)**
- *Los ancianos y seres vivientes delante del Cordero presentando las necesidades de los santos en sus copas* **(Ap 5, 8)**

Ninguno de estos personajes que están en el cielo se encuentra inconsciente, porque Dios es un Dios de vivos, no de muertos.

Refuerzo

Leamos Heb 12, 1:
Por tanto, también nosotros, teniendo en torno nuestro tan gran nube de testigos **(Heb 12, 1)**
Esta cita llama "testigos" a los héroes de la fe en el Antiguo Testamento. La palabra "testigo" sólo se usa para alguien vivo, consciente, que puede darse cuenta de algo. Por tanto, los que han muerto en Cristo viven.

¿Quién es la piedra en Mt 16, 18?

Esta pregunta es muy frecuente en círculos de discusión con protestantes y denominaciones, sobre todo porque busca atacar una de las principales figuras de nuestra amada Iglesia: el Papa. La estrategia utilizada es refutar la postura católica sobre quien es la piedra en el texto de Mt 16, 18, el cual expresa:

Y Jesús le dijo: "Feliz de ti, Simón, hijo de Jonás, porque esto no te lo ha revelado ni la carne ni la sangre, sino mi Padre que está en el cielo.

Y yo te digo: Tú eres Pedro, y sobre esta piedra edificaré mi Iglesia, y el poder de la Muerte no prevalecerá contra ella. **(Mt 16, 18)**. En esta cita, la palabra "piedra" viene del griego "petra".

Por lo general los no católicos nos refutan con dos estrategias:

a) La piedra es la confesión de Pedro: según esta postura la roca es la confesión de Pedro, o sea el decir que Cristo es el Hijo de Dios. Este argumento presenta un serio problema: Debería ser la primera vez que en el NT alguien esté reconociendo a Cristo como Mesías.

Los no católicos que defienden esta postura dicen que Pedro sí tuvo un primado, pero fue de confesión, por confesar primero, pero qué hacemos los católicos ante este argumento cuando la misma Biblia enseña por ejemplo:

Respondió Natanael y le dijo: Rabí, **tú eres el Hijo de Dios**: *Tú eres el Rey de Israel. (Jn 1, 49)*

Más sin embargo Jesús no llamó piedra a la confesión de Natanael.

Y cuando ellos entraron en la barca, se calmó el viento. Entonces los que estaban en la barca vinieron y le adoraron, diciendo: **Verdaderamente tú eres el Hijo de Dios.** *(Mt 14, 32-33)*

Jesús tampoco llama piedra a la confesión de los once apóstoles, ya que Pedro estaba en el agua.

De esta forma, la piedra NO puede ser solo la confesión de Pedro porque otros confesaron primero y no fueron llamados "piedra".

b) <u>La piedra es Cristo:</u> Esta postura se sostiene en otros pasajes donde Cristo es llamado "roca" **(1 Cor 3, 10-11; Ef 2, 20; Rom 15, 20)**. El problema es que el análisis debe hacerse sobre Mt 16, 18 en particular. Pero aun así, por ejemplo 1 Pe 4-8 es una cita en la que se llama "piedra viva" a los cristianos y al mismo Cristo:

Al cual acercándoos, piedra viva (λίθος), desechada ciertamente por los hombres, mas escogida y preciosa para Dios. Vosotros también, como piedras vivas (λίθος), sois edificados como casa espiritual y sacerdocio santo, para ofrecer sacrificios espirituales, agradables a Dios por Jesucristo.

Por lo cual también contiene la Escritura: He aquí, pongo en Sión la principal piedra (λίθος) del ángulo, escogida, preciosa; Y el que creyere en Él, no será avergonzado. Para vosotros, pues, los que creéis; Él es precioso; más para los desobedientes, la piedra (λίθος) que los edificadores desecharon; ésta fue hecha la cabeza del ángulo; Y: Piedra (λίθος) de tropiezo, y roca (πέτρα) de escándalo a los que tropiezan en la palabra, siendo desobedientes; para lo cual fueron también ordenados. *(1 Pe 2, 4-8)*

San Pedro llama "piedra viva" a Jesús, y "piedra viva" a los cristianos, ¿por qué entonces Cristo puede ser piedra pero Pedro no? Lo más interesante es que la palabra griega usada para Cristo y para nosotros como piedras vivas es "lithos" *(λίθος)*. Para referirse a Cristo como piedra viva usa lithos, pero para referirse como piedra de tropiezo es que lo aplican a "petra". **¿Se refiere Mt 16 a piedra de tropiezo? NO. Por eso, no pueden alegar que Cristo es la piedra en esa cita.**

Queda preguntarnos, si Cristo es la Roca en Mt 16 como es llamado en 1 Pe, por qué el texto no quedó diciendo: Y yo también te digo que tú eres Pedro, y sobre esta LITHOS edificaré mi iglesia. ¿Por qué en cambio usó PETRA?

El texto de Mateo 16, 18 se refiere a Pedro como piedra.

Refuerzo

Dios es llamado muchas veces "roca" en el Antiguo Testamento.
Leer Sal 62, 2 y Sal 18, 31. Esto es un título que al ser traducido al griego nunca usó el término "petra", por lo que no se puede asumir que sea un título para Cristo en Mt 16, 18

Leer bien Mt 16 y notar cómo Cristo le cambia el nombre a Simón por "Pedro", que en arameo es Cefas, y este nombre significa "piedra". Leer Jn 1, 42

Las imágenes y los ídolos

Si hiciéramos una encuesta sobre la acusación más común que recibimos como católicos es el de idólatras. Ya se ha vuelto un estereotipo por parte de quienes no entienden nuestra fe y nos acusan de algo que no tiene respaldo realmente. Recordemos por ejemplo aquel grupo de evangélicos en Ecuador que quemó imágenes del Papa Francisco frente a una parroquia, como rechazó a la idolatría en nuestra Iglesia.

Todo inicia por un pasaje del libro de Éxodo que nos narra: *No habrá para ti* **otros dioses** *delante de mí.* **No te harás escultura ni imagen alguna** *ni de lo que hay arriba en los cielos, ni de lo que hay abajo en la tierra, ni de lo que hay en las aguas debajo de la tierra.* **No te postrarás ante ellas ni les darás culto***, porque yo Yahveh, tu Dios, soy un Dios celoso, que castigo la iniquidad de los padres en los hijos hasta la tercera y cuarta generación de los que me odian* **(Ex 20, 3-5)**

Quien ha escuchado la acusación hecha con este pasaje siempre verá que empieza con la prohibición de hacer imágenes, pero es que la prohibición tiene sentido por lo dicho antes: *No habrá para ti otros dioses delante de mí.* Es decir, **Dios prohíbe las imágenes que representan a otros dioses** y no permite que se les represente bajo ningún tipo de figura de lo que había arriba, debajo o en la tierra. No es entonces, que se prohíba cualquier tipo de imagen sino la que represente "dioses" o que convirtamos en dioses.

Lo segundo desprendido del pasaje, es el culto dado a estas imágenes de dioses. Por lo tanto está prohibido fabricar imágenes de dioses y darles culto o postrarse ante ellas. La Iglesia Católica enseña lo mismo:
El primer mandamiento **prohíbe honrar a dioses distintos del Único Señor** *que se ha revelado a su pueblo. Proscribe la superstición y la irreligión. La superstición representa en cierta manera una perversión, por exceso, de la religión. La irreligión es un vicio opuesto por defecto a la virtud de la religión.* **(CIC 2110)**
Lo que ha sucedido con quienes nos atacan es que:

- Piensan que la adoración está en la postura corporal más que en la disposición del alma, pero la verdad se puede idolatrar muchas cosas sin tener que doblar la rodilla **(Col 3, 5)**

- Confunden imagen con ídolo, ya que las traducciones colocan "imágenes" en los pasajes, pero en el idioma hebreo son diferentes. Ídolo se traduce de "pesel" e imagen se traduce de "tselem". De esta forma, la Biblia condena fabricar "pesel" pero no condena fabricar "tselem".

- Dicen que la Iglesia Católica quitó de los mandamientos, la prohibición de las imágenes, pero ya vimos más arriba como en el Catecismo se nos enseña que en el primer mandamiento está la prohibición de los ídolos o dioses.

- Suponen que colocarse y postrarse ante alguien indica que se está adorando, pero en la Biblia vemos pasajes como:

Después de esto, David se levantó, salió de la cueva y gritó detrás de Saúl: "¡Mi señor, el rey!". *Saúl miró hacia atrás, <u>y David, inclinándose con el rostro en tierra, se postró</u>* **(1 Sam 24, 9)**

El servidor se arrojó a sus pies, diciéndole: "Señor, dame un plazo y te pagaré todo". **(Mt 18, 26)**

El carcelero pidió unas antorchas, entró precipitadamente en la celda y, temblando, se echó a los pies de Pablo y de Silas. **(Hch 16, 29)**
Y no se les acusa de idolatría.

Es muy importante que los católicos sepamos también dar un uso adecuado a las imágenes como medios de oración a Dios, y no depositar nuestra confianza en el yeso. Poder enseñar a los demás con el ejemplo que la idolatría no está en tener una imagen sino en reemplazar a Dios del centro de nuestra vida.

Finalmente debemos explicar que en la Iglesia tenemos una jerarquía del culto tributado.

El culto de latría se da sólo a Dios. Latría es un término latín que proviene del griego "latreia". Es la adoración que le rendimos a Dios.

El culto de dulía es la veneración que tributamos a los ángeles y a los santos

El culto de hiperdulía es la veneración que de modo especial tributamos a la Virgen María.

Refuerzo

Leer 1 Re 6, 29 para encontrar imágenes en el Templo de Jerusalén que no se evidencie en ninguna cita que fueron mandadas a hacer por Dios

Leer 1 Re 7, 6-10 y analizar si con la respuesta del verso 10 de Dios, tomó la postración de Josué como una adoración.

Los católicos y la planificación familiar

Preocupa en gran medida como muchas personas que se dicen católicas, manejan el tema de la sexualidad en el matrimonio, sólo en regular los hijos que desean tener. Y preocupa porque los planteamientos o acciones que están tomando son contrarios a la enseñanza de la Iglesia.

La Iglesia es consciente que la sexualidad es un espacio diseñado por Dios para el matrimonio, que se fundamenta en el amor de la pareja: *La sexualidad está ordenada al amor conyugal del hombre y de la mujer* **(CIC 2360)** y que cumple dos fines: el bien de los esposos y la transmisión de la vida **(CIC 2363)**. Y precisamente en la transmisión de la vida es en donde se está introduciendo un liberalismo en parejas de esposos católicos, que los está llevando a pecar gravemente en esta materia a través de métodos contrarios a la ley de Dios.

La Encíclica Humana Vitae, el Papa Pablo VI nos enseñaba lo siguiente:
En la misión de transmitir la vida, **los esposos no quedan, por tanto, libres para proceder arbitrariamente, como si ellos pudiesen determinar de manera completamente autónoma los caminos lícitos a seguir**, *sino que deben conformar su conducta a la intención creadora de Dios, manifestada en la misma naturaleza del matrimonio y de sus actos y constantemente enseñada por la Iglesia.*

Al respecto es común que sucedan dos cosas: (a) se usan métodos inmorales periódicos o (b) se recurra a la llamada "ligadura de trompas" para las mujeres, o "vasectomía" para los hombres. En ambos casos se está violentando lo dispuesto por Dios, por decisiones humanas contrarias.

Es importante entonces que las parejas católicas sepan que la Iglesia apoya el uso de los métodos naturales para espaciar el nacimiento de los hijos, ya que de esta forma se está respetando el ciclo biológico establecido por Dios. Métodos como el Billing, sintotérmico o del ritmo, son métodos naturales que requieren de los esposos total entrega mutua y el deseo de vivir su sexualidad ordenados a Dios.

Por el contrario, utilizar métodos artificiales como: inyecciones, condones, pastillas, espumas, dispositivos, e incluso la desconexión, son faltas gravísimas en las que prima la voluntad humana por encima del orden divino. No podría alegarse nunca su uso a temas económicos, de salud, o estabilidad familiar, y sacerdote que recomiende o apruebe su uso, está yendo de frente contra el Magisterio ordinario pontificio.

Sin embargo, existe casos en los que medios terapéuticos para curar enfermedades produzcan como resultado la imposibilidad de la procreación, en donde si no es lo que se busca no habrá pecado.

Es importante para todo católico, vivir su sexualidad como un regalo de Dios, pero que ese regalo no se use nunca para atentar contra Dios, sino para glorificar su nombre y santificarse en el matrimonio.

Refuerzo

Leer la Encíclica Humana Vitae del Papa Paulo VI

Buscar en pareja información sobre los métodos naturales

¿Es bueno escuchar música no católica en el ámbito espiritual?

Es muy común ver católicos que no se detienen a pensar en el papel o aporte de la música en su relación con la fe. Se dan casos de católicos que no distinguen entre la música católica y la no católica, y otros ni siquiera conocen música católica.

Este tema tiene diversas opiniones, unas más liberales, otras más conservadoras, pero el "sentido común" debe hacernos reflexionar sobre qué importancia dar a la música espiritual que escuchamos. Sobre esto, una página pentecostal, hablando sobre el origen de la música evangélica, se remite al Metodismo en sus inicios: *Usaron los himnos para la instrucción teológica del movimiento,* ***porque ellos sabían que la mejor manera de aprender la doctrina era cantando.*** Los metodistas sabían que con la música enseñaban doctrina. ¿Tiene claro esto un católico? Puede que algunos no. Por eso quiero compartir una serie de argumentos sobre el uso de este tipo de música en nuestra vida espiritual:

a) **La música no católica puede tener errores doctrinales desde el punto de vista católico**. Este primer punto es necesario porque conlleva el riesgo de recibir doctrina no católica de manera inconsciente. Hay dos cosas importantes; por un lado no todas esas letras tienen errores, pero el católico debe estar formado para discernirlo. De igual modo, el católico debe madurar y saber qué debe y que no debe hacer, pues San Pablo bien nos aclara que todo nos es permitido pero no todo nos conviene (**1 Cor 10, 23**). ¿No es mejor darse el gusto de escuchar música católica sin correr el riesgo y el desgaste de estar depurando las canciones para saber qué es errado y qué no? Un ejemplo claro, la canción "Dios de Pactos" de Marcos Witt expresa: *La Gracia y el Perdón son los frutos de vivir en comunión y adoración.* ¿Es acaso la gracia un fruto en el hombre o es un don de Dios? Así, no se trata de una prohibición arbitraria sino de advertir lo que se puede encontrar quien escuche estas canciones sin la formación adecuada.

b) **La música no católica escuchada con mucha frecuencia puede relativizarnos en nuestra espiritualidad católica.** Al no mencionar temas como la Virgen (y aunque hay una que otra, jamás la honrarán como nosotros), la Eucaristía (en parroquias colocan "pan de vida" de Jesús Adrián Romero, aunque NUNCA refiriéndose a Cristo como el Dios vivo presente en las sagradas especies), la música no católica puede volver relativista al católico que se acostumbra a ella, quien termina cantando sólo aquello en que hay similitud con los no católicos y se aleja de lo que lo identifica como católico. A diferencia, una canción como "Tomad y Comed" de Son By Four sobre la Eucaristía dirá: *Por amor nacemos del agua y de la sangre, criatura nueva,* **sacramento palpable,** **sacrifico perpetuo** *es en la cruz, perfecto agradable,* **comerán mi cuerpo, beberán mi sangre**, *soy pan de vida así lo quiso mi Padre.* ¿Pondrían una canción así en un culto?

c) **Si no escuchamos música católica, no apoyamos a nuestros hermanos.** Hoy día, Dios ha derramado una inmensa cantidad de cantantes católicos que podemos apoyar, para que su labor de evangelización continúe, pero muchas veces no lo hacemos. Es mejor comprar música católica y ayudarnos como hermanos, que apoyar música de personas que no aceptan las verdades de fe igual que nosotros. Ya ellos cuentan con bastantes seguidores que sí compran su música por lo que nuestro deber es apoyar a los nuestros. ¿Si no lo hacemos los católicos mismos, quienes los apoyaran?

d) **La mala formación lleva la música indebida a la Liturgia.** Es doloroso cuando en una Eucaristía escuchamos cantos no litúrgicos, y más si son protestantes: *yo tengo un nuevo amor*, como canto de comunión, y los fieles cantando como si nada. ¿Dónde están los equipos de Liturgia? Estamos perdiendo nuestra identidad y no discerniendo cual es el lugar de cada cosa. Así mismo, la mala interpretación de algunos sobre la música popular los lleva a usar ritmos de canciones seculares pero cambiando de letra, como por ejemplo: *padre nuestro tú que estás....* No es un canto litúrgico y no se debe cantar.

La música juega un papel importante en nuestra vida espiritual, ya San Pablo decía: *Cuando se reúnan, reciten salmos, himnos y cantos espirituales, cantando y celebrando al Señor de todo corazón.* **(Ef 5, 19)** Por eso debemos tener claro que estamos llamados a alabarlo dentro de la fe de la Iglesia Católica. Y aunque al católico no debemos tratarlo como niño pequeño al que decirle qué debe y que no debe hacer en todo, es bueno recordar como San Pablo que todo nos es permitido pero no todo nos conviene

---

Refuerzo

Tratar de asistir a conciertos católicos

Aprender los cantos litúrgicos para vivir mejor la celebración eucarística.

¿Cómo dialogar con un no católico?

Esta pregunta refleja una realidad a la que hoy nos vemos expuestos los católicos, pues muy seguramente en algún círculo social tendremos contacto con un no católico: familia, estudio, trabajo, vecinos, amigos, etc. Y por esta razón, debemos siempre poder llevar con convicción el testimonio de nuestra fe. De esta manera se cumplen las palabras del Apóstol San Pedro: *Al contrario, dad culto al Señor, Cristo, en vuestros corazones, siempre dispuestos a dar respuesta a todo el que os pida razón de vuestra esperanza.* **(1 Pe 3, 15)**.

Cuando nos encontramos en una situación de diálogo frente a un no católico debemos tener en cuenta estas recomendaciones:

1. <u>Mantener la amabilidad ante la ignorancia sobre nuestra doctrina</u>. En este punto es importante no frustrarse o desanimarse cuando escuchemos acusaciones erradas. Entendamos que estas personas ignoran realmente el fundamento de nuestra fe, y por eso debemos ser amables y pacientes. Sin llegar al punto de ofuscarnos, pues ahí es mejor no proseguir.

2. <u>Mantener el diálogo siempre en un tema</u>. Es muy común en el diálogo con ciertos tipos de no católicos, los muy recalcitrantes, que cuando se le dan argumentos claros y serios, se empiece a cambiar de

tema para tratar de buscar un agujero por donde salir sin reconocer su error. El católico no debe seguir esta actitud sino mantenerse sobre un tema y sobre ese aclarar las dudas sobre la fe católica.

3. <u>Dialogar sobre argumentos y no sobre personas.</u> Cuando se dialoga, se puede caer en el error de debatir sobre las personas que argumentan y no sobre sus argumentos en sí. Un católico debe expresar la caridad respetando la integridad de las personas y nunca permitir que los argumentos se desvíen en ataques a nuestros sacerdotes o laicos, ni responder con la misma moneda.

4. <u>Dialogar en momentos adecuados.</u> Una conversación sobre temas religiosos se puede iniciar en cualquier momento: hablando de una noticia, de la realidad actual, de un acontecimiento de alguien en particular, y podemos vernos tentados a responder argumentos por no quedarnos callados. Es importante que un católico exponga su fe para gloria de Dios, y no como simple actitud de no aparecer por cobarde. Hay que esperar un momento adecuado, propicio al diálogo para que realmente sea productivo.

5. <u>No dialogar cuando no se conoce bien la fe.</u> Muchos católicos son confundidos porque debaten un tema sin tener las bases necesarias, y pueden fácilmente llegar a dudar de su fe. Por eso el diálogo principal es

el testimonio de vida, y cuando haya una duda que no sepamos responder, consultemos con nuestro sacerdote o con un católico más estudiado.

Dios no quiere divisiones, quiere católicos firmes, dispuestos a testimoniar con su vida, y dando razones de su fe, de la belleza de la Iglesia Católica. Estemos atentos a poner en práctica estas recomendaciones y lograremos frutos de conversión por la gracia de Dios.

Recordemos que la fe no es para discusiones vanas y en donde lo que prime sea el insulto y el ego para mostrar quien sabe más. Como bien nos enseña San Pablo:

Evita, en cambio, las investigaciones insensatas, las genealogías, las polémicas y las controversias sobre la Ley: todo esto es inútil y vano. (Tit 3, 9)

Refuerzo

Leer el Catecismo de manera asidua para conocer mejor la fe católica y poderla compartir

46

Esto es mi Cuerpo ¿Real o simbólico?

¿Enseñó realmente Cristo que el pan es su cuerpo y el vino es su sangre? Cuando se nos es cuestionada nuestra fe sobre este punto, por lo general se trata de analizar el pasaje:

Mientras comían, Jesús tomó el pan, pronunció la bendición, lo partió y lo dio a sus discípulos, diciendo: "Tomen y coman, esto es mi Cuerpo". **(Mt 26, 26).**

Para nosotros, puede ser claro que si dice: ES MI CUERPO, es porque realmente lo es. Sin embargo, los no católicos han encontrado los siguientes argumentos:

1. El verbo usado en ese pasaje también puede traducir: significar. Este argumento es sostenido por los testigos de Jehová. De esta forma, otra traducción válida para ellos es: esto significa mi cuerpo. Claramente es un atentado a la presencia real. La palabra griega ἐστιν (estin: ES) por ejemplo, es usada en Mt 12, 7:
Si hubieran comprendido lo que **significa (estin)**: *Yo quiero misericordia y no sacrificios, no condenarían a los inocentes.*

El problema que tienen los testigos de Jehová cuando usan este pasaje es que en Mt 12 se trata de comprender el significado de una profecía dicha hace tiempo, y ahí es válido que se puede usar "significa".

Pero la gran mayoría de citas en que se usa (estin) se traducen al español como ES. Incluso lo hace la Biblia evangélica Reina Valera, pues es claro que mientras Cristo habla, tiene un pan de verdad en sus manos.

2. <u>El que se use el verbo SER, no implica que en verdad el pan sea el Cuerpo de Cristo, pues Cristo también dijo: yo soy el camino, yo soy la puerta, yo soy la luz, y en ningún caso se entiende de manera literal</u>. En estos casos, estamos tratando de una figura literaria llamada "alegoría", en donde se compara algo con otro elemento por medio de una similitud expresiva. Sin embargo, cuando Cristo dijo: Yo SOY el pan vivo bajado del cielo, acabó con la alegoría al explicar realmente cual era el pan. San Juan nos enseña:

__Yo soy el pan__ vivo bajado del cielo. El que coma de este pan vivirá eternamente, **y el pan que yo daré es mi carne** *para la Vida del mundo".*

A diferencia de los pasajes de la luz, camino y puerta, Cristo no acaba con la alegoría, explicando que es cada cosa. Mientras tanto acá, para darnos a entender que se refiere a algo material y tangible, dice que el pan que dará ES su carne. No hay lugar a simbolismos.

A pesar de ello, los no católicos vuelven a cuestionar con base en esto:

El Espíritu es el que da Vida, la carne de nada sirve. Las palabras que les dije son Espíritu y Vida. **(Jn 6, 63)**.

De esta forma, quieren mostrar que la carne no es importante sino lo espiritual, y no se dan cuenta que precisamente están respaldando la enseñanza católica sobre que es el Espíritu Santo el que transforma el pan en el Cuerpo, y que la sustancia sola no sirve, sino bajo la acción de la Epíclesis en la Eucaristía por parte del Sacerdote. Como bien dice: las palabras que Jesús enseñó son Espíritu y Vida:
El que come mi carne y bebe mi sangre permanece en mí y yo en él. **(Jn 6, 56)**

Finalmente, ¿cómo entendieron los oyentes de Jesús? El texto nos muestra que los fariseos se escandalizaron porque entendieron bien qué Jesús no hablaba simbólicamente. Hoy siguen muchos escandalizados porque niegan que Cristo esté verdaderamente presente en la Eucaristía.

Refuerzo

Leer:
"Que cada uno se examine a sí mismo antes de comer este pan y beber esta copa; **porque si come y bebe sin discernir el Cuerpo del Señor, come y bebe su propia condenación"** *(1 Cor 1, 28-29)*
¿Creemos que si lo del pan y el vino fuera simbólico, comerías nuestra condenación por un simple pan?

Santos verdaderos y "santos" falsos

Muchos son los santos que la Iglesia ha canonizado en todos los siglos desde que se inició este proceso, pero también se han colado en la cristiandad otras devociones de los llamados "falsos santos", en otros casos santos con "historias legendarias" no comprobadas históricamente, y también los falsos dioses "asociados a santos católicos" (santería).

Tratemos de explicar estos tres grupos para que estando formados podamos ayudar a quien pueda confundirse o esté cayendo en estas falsas devociones:

Falsos santos:
Son personajes que existieron o nacieron de leyendas populares, tal vez por acciones buenas o ser víctimas de injusticias pero sin vínculo con la Iglesia, o un vínculo que no ha sido avalado como tal. Podemos encontrar aquí nombres como: San Simón (Maximón) en Centroamérica, el Gauchito Gil en Argentina, la Santa Muerte en México o María Lionza en Venezuela. Preocupa que muchos católicos sean engañados creyendo que estos son santos católicos y hasta van inocentemente a sus santuarios.

Santos con historias no comprobadas:
Este grupo realmente no es de santos falsos, pero sí de cuyas vidas se han mantenido datos legendarios no comprobados. Por ejemplo: san Jorge y la lucha con el dragón es parte de leyendas, aun cuando el santo sí existió e incluso es patrono de muchos pueblos. Muchos otros santos fueron quitados por la Iglesia del Martirologio Romano pero dejando en casos el culto local como por ejemplo: San Expedito. Casos también como el de Santa Úrsula, Santa Filomena o San Cristóbal, quienes siguen siendo santos pero sin culto dentro de la liturgia universal, debido a lo difícil de comprobar los datos históricos de su vida y separarlos de la leyenda.

Falsos dioses asociados a santos católicos:
En este grupo principalmente se tiene a la santería, religión africana que llegó a Brasil y Cuba proveniente de la tribu Yoruba. Estos esclavos venidos a América, mezclaron sus dioses y los "escondieron" también bajo nombres católicos. Esto es peligroso pues muchas veces inocentemente un católico puede ver una imagen de un "santo" en algún sitio y pensar que está en algo de Dios, y termina donde un brujo o algún embaucador. Los Yoruba llaman a sus dioses "orisha" y los fueron asociando a nuestros santos según su apariencia o la cualidad que se resaltaba del santo. Por ejemplo: ellos llaman a Shangó y lo asocian a imágenes de Santa Bárbara, o a

Babalú con San Lázaro, o a Yemayá con la Virgen de la Regla. Esto llegó a la música salsa con Richie Ray o Celia Cruz.

Refuerzo

La Iglesia Católica cuenta con un santoral, en donde se encuentran los santos que la Iglesia propone como modelos. NO indica que sean los únicos que estén en cielo. Siempre es importante que antes de tomar un santo como auténtico, verifiquemos que esté en el santoral de la Iglesia. El santoral con el que contamos hoy día fue revisado posterior al Concilio Vaticano II

Averigua si con tu nombre hay algún santo en la Iglesia y aprende sobre su vida.

¿La Ramera mencionada en el Apocalipsis es la Iglesia?

Quiero compartir con ustedes, sobre una acusación que frecuentemente escuchamos contra nuestra Iglesia amada, y es el que supuestamente somos la "ramera" que menciona Apocalipsis en sus capítulos 17 y 18.

<u>Primera acusación: La ramera es una Iglesia.</u> Esta acusación realmente no tiene fundamento alguno. El mismo Apocalipsis al referirse a la ramera la llama: la gran ciudad: *Y la mujer que has visto es* **la gran Ciudad**, *la que reina sobre los reyes de la tierra* **(Ap 17, 18)**. Esta gran ciudad bien puede aplicar a la Ciudad de Roma, ya que en el mismo Apocalipsis expresa: *"¡Ay, ay! ¡La gran Ciudad, Babilonia, la ciudad poderosa!* **(Ap 18, 10)**. De esta forma se entiende que Babilonia simboliza una ciudad que se comporta igual que la antigua Babilonia. El mismo San Pedro menciona a Babilonia **(1 Pe 5, 13)**, y sabemos que él estuvo en Roma.

Igualmente la ramera podría ser la ciudad de Jerusalén, pues Apocalipsis menciona: *"Sus cadáveres yacerán en la plaza de* <u>**la gran Ciudad**</u> *—llamada simbólicamente Sodoma y también Egipto— allí mismo* **donde el Señor fue crucificado.** **(Ap 11, 8)"**

De esta forma, cuando se cuestiona a los no católicos sobre esta acusación, alegan que la ramera en sentido espiritual es una Iglesia falsa. Ante esto les respondo que cuando

Apocalipsis quiere usar el término "iglesia" lo utiliza claramente y de forma directa **(Ap 1, 4)**. También podemos decirles que en el Antiguo Testamento, el término "ramera" se usó para el mismo pueblo de Israel, como país **(Os 4, 15)**, no como sistema religioso.

Segunda acusación. Los colores simbólicos de la Ramera. En este punto, los acusadores son muy dados a colocar fotos del Papa y los cardenales usando vestiduras púrpura y escarlata, para justificar su acusación. Les respondo dos cosas: a) Los colores púrpura y escarlata fueron usados por el mismo Cristo **(Jn 19, 2-5); (Mt 27, 28)** y por ello los tenemos en la Iglesia. b) El color principal del Papa y los sacerdotes es el blanco, aun así alegan que también el blanco es color de la ramera porque "lino fino" es asociado al blanco **(Ap 18, 16)**. Sin embargo quienes lanzan esta acusación quedan mal ya que en el mismo Apocalipsis vemos a personas puras vestidas de blanco **(Ap 3, 4)**, Cristo aparece en un caballo blanco **(Ap 19, 11)**, el trono de Dios es de color blanco **(Ap 20, 11)**. De esta forma por donde nos ataquen con los colores, están atacando al mismo Dios.

Tercera acusación. Las piedras preciosas y la copa de oro. Nuevamente asocian esta parte con las obras artísticas, ornamentos litúrgicos y el cáliz. Les respondo que: a) Moisés mandó elaborar utensilios, el altar y el arca con oro, y las vestiduras entalladas con piedras preciosas **(Ex 37-39)**, b) La Nueva Jerusalén que es la Iglesia tiene oro y piedras preciosas **(Ap 21, 18-21)**, Dios mismo dice: mío el oro y mía la plata

(**Ag 2, 8**), y por la sacralidad y el contacto con la Sangre de Cristo se utilizan los mejores materiales para el cáliz. Y a pesar de ello, hay muchos ornamentos que no son de oro sino de bronce.

Del mismo modo debemos tener claro que San Juan escribe el Apocalipsis en un momento en que los cristianos atravesaban la persecución del emperador Diocleciano, por lo que el Imperio Romano representaba una amenaza para los cristianos, y por tanto el Apocalipsis nos muestra esa lucha entre la Iglesia de Dios y esa Babilonia imperial que quería acabarla, que mataba a los cristianos, pero que no podría imponerse jamás al pueblo de Dios.

Refuerzo

Jerusalén al igual que Roma se asienta sobre 7 colinas y fue acusada de idolatría y prostitución en el Antiguo Testamento.
Leer Ez 16, 1-43
Leer Ez 23, 1-43
Leer Is 1, 21-26

¿Constantino fundó la Iglesia Católica?

Es muy común en los debates entre católicos y otros grupos, mencionar a Constantino para hacer referencia al inicio de la Iglesia Católica. Parece que los no católicos han visto como efectivo el uso de este argumento, que lo usan para derribar al fiel que les replica el origen humano de cada grupo no católico; de esta manera, pueden lograr confundir a un católico no formado.

El Edicto de Milán fue un documento del emperador Constantino en el año 313 D.C, en donde concedió libertad de culto para todos. ¿Qué es lo que decía el Edicto? ¿Por qué esto es lo que da pie a las acusaciones falsas? Transcribo acá las partes del Edicto que mencionan a los cristianos:

*4. Cuando yo, Constantino Augusto, y yo, Licinio Augusto, nos reunimos felizmente en Milán y nos pusimos a discutir todo lo que importaba al provecho y utilidad públicas, entre las cosas que nos parecían de utilidad para todos en muchos aspectos, <u>decidimos sobre todo distribuir unas primeras disposiciones en que se aseguraban el respeto y el culto a la divinidad, esto es, para dar,</u> **tanto a los cristianos como a todos en general**<u>, libre elección en seguir la religión que quisieran</u>, con el fin de que lo mismo a nosotros que a cuantos viven bajo nuestra autoridad nos puedan ser favorables la divinidad y los poderes celestiales que haya.*

5. Por lo tanto, fue por un saludable y rectísimo razonamiento por lo que decidimos tomar esta nuestra resolución: *que a nadie se le niegue en absoluto la* **facultad de seguir y escoger la observancia o la religión de los cristianos**, *y que a cada uno se le dé facultad de entregar su propia mente a la religión que crea que se adapta a él*, *a fin de que la divinidad pueda en todas las cosas otorgarnos su habitual solicitud y benevolencia.*

6. Así, era natural que diéramos en rescripto lo que era de nuestro agrado: que, suprimidas por completo las condiciones que se contenían en nuestras primeras cartas a tu santidad acerca de los cristianos, también se suprimiera todo lo que parecía ser enteramente siniestro y ajeno a nuestra mansedumbre, *y que ahora cada uno de los que sostienen la misma resolución de observar la religión de los cristianos, la observe libre y simplemente, sin traba alguna.*

7. Todo lo cual decidimos manifestarlo de la manera más completa a tu solicitud, para que sepas que nosotros hemos dado **a los mismos cristianos libre y absoluta facultad de cultivar su propia religión.**

Como vemos, el Edicto de Milán no fundó la Iglesia, sino que les permitió a los cristianos poder seguir su fe públicamente sin miedo a ser perseguidos o condenados. Pensar que el Edicto de Milán fue el que dio origen a la Iglesia Católica es como pensar que en un país que haya dado libertad religiosa y reconocimiento a otros credos que antes no, significa que ese día los fundaron. Y podría el lector sorprenderse de saber cuántos no católicos dan por cierto que la Iglesia la fundó

Constantino con el Edicto de Milán, pero en su vida jamás se han tomado la molestia de leer el Edicto para corroborar si la información que reciben en sus denominaciones es cierta o no.

Refuerzo

Una forma sencilla de explicar este tema es analizar que si en verdad Constantino fundó la Iglesia, no tendríamos antes de él, las doctrinas que tenemos. Pero antes de Constantino encontramos la Eucaristía, Bautismo de niños, oraciones a María, Sucesión Apostólica. Esto demuestra la falsedad del argumento no católico.

¿Cómo responder algunas objeciones contra el Espíritu Santo?

Es bueno traer un tema que se da frecuente cuando algunas sectas tocan a nuestra puerta para cuestionar nuestra doctrina católica. ¿Es el Espíritu Santo una persona divina? Es una pregunta que podríamos recibir y tal vez no saber cómo contestarla con las Sagradas Escrituras. A continuación varios argumentos refutados sobre este tema:

1. **Una persona no puede llenarse de otra:**

"Todos quedaron llenos del Espíritu Santo, y comenzaron a hablar en distintas lenguas, según el Espíritu les permitía expresarse". **(Hch 2, 4)**

R/ La lógica de las sectas intenta mostrar que como es imposible lo físico, también es imposible lo espiritual. Sin embargo olvidan que usando su misma lógica:
"Y ya no vivo yo, sino que Cristo vive en mí" **(Gal 2, 20)**
Entonces, si una persona no puede ser llena de otra, entonces Cristo no podría ser una persona porque no podría una persona vivir dentro de otra.

2. **Una persona no puede ser comparable a una cosa:**
"Él os bautizará en Espíritu Santo y fuego". **(Mt 3, 11)**

Si el ser bautizado por el Espíritu indica que es una persona, entonces el fuego también sería una persona.

R/ El sentido de la frase indica la forma en que descendería el Espíritu Santo:
"Se les aparecieron unas lenguas como de fuego que se repartieron y se posaron sobre cada uno de ellos; quedaron todos llenos del Espíritu Santo y se pusieron a hablar en otras lenguas, según el Espíritu les concedía expresarse". **(Hch 2, 3-4)**
No quiere decir que sean dos cosas por separado. Sin embargo, ¿Acaso la siguiente cita pondría a Dios al mismo nivel de una "fuerza" que a la vez produce cosas como Dios?
La gracia del Señor Jesucristo, el amor de Dios y la comunión del Espíritu Santo permanezcan con todos ustedes. **(2 Cor 13, 13)**
Si hablamos de la gracia DEL Hijo, del amor DEL Padre, entonces ¿la comunión DEL Espíritu se refiere a la comunión de una cosa?

3. A veces se personifican cosas materiales:

La Sabiduría clama por las calles, por las plazas alza su voz **(Prov 1, 20)** ¿Acaso la Sabiduría tiene voz?

¿Dónde está, oh muerte, tu victoria? ¿Dónde está, oh muerte, tu aguijón? **(1 Cor 15, 55)** Y no por eso son personas

R/ Hay que distinguir el género literario que se esté utilizando. En la cita de Proverbios es lenguaje sapiencial. En la cita de Corintios, San Pablo está haciendo referencia a Oseas:
"¿Dónde está, Muerte, tu pestilencia?" **(Os 13, 14)**. Es lenguaje profético.
Pero es distinto a las citas que reflejan la personalidad del Espíritu Santo:

a) Da órdenes:
El Espíritu dijo a Felipe: «Acércate y ponte junto a ese carro. **(Hch 8, 29)** Narración histórica.

b) No se puede engañar:
Pedro le dijo: «Ananías, ¿cómo es que Satanás llenó tu corazón para mentir al Espíritu Santo, y quedarte con parte del precio del campo? **(Hch 5, 3)** Narración histórica.

c) Tiene voluntad:
Pero todas estas cosas las obra un mismo y único Espíritu, distribuyéndolas a cada uno en particular según su voluntad **(1 Cor 12, 11)**

d) Se puede entristecer:
"No entristezcáis al Espíritu Santo de Dios, con el que fuisteis sellados para el día de la redención" **(Ef 4, 30)**

4. Se puede obrar en nombre de algo y no ser persona:

Aunque en la Biblia se diga: Id, pues, y haced discípulos a todas las gentes bautizándolas en el nombre del Padre y del Hijo y del Espíritu Santo (Mt 28, 19), puede ser que ocurra como cuando decimos: "en nombre de la Ley", la Ley no es una persona.

R/ Sin embargo, en el lenguaje del texto, el Espíritu Santo está AL MISMO NIVEL del Padre y del Hijo. ¿Pensamos usando el argumento de la Ley, que el Padre y el Hijo no son personas?

Igualmente, ¿qué hacemos con esta cita?

Pedro les contestó: «Convertíos y que cada uno de vosotros se haga bautizar en EL NOMBRE DE Jesucristo, para remisión de vuestros pecados; y recibiréis el don del Espíritu Santo **(Hch 2, 38)**

¿Acaso Jesús no es una persona porque también podemos decir "en nombre de la Ley"?

¿Las inicias en la Hostia: IHS son signos paganos egipcios?

Algunas sectas han buscado darle significado a las iniciales inscritas en las sagradas especies como conexión con el paganismo. Dicen que durante los días de los emperadores romanos, existían muchos adoradores de Isis (la diosa egipcia representante de la diosa babilónica) en Roma; y supuestamente los cristianos corrompidos dejaron las iniciales de la triada egipcia Isis, Horus, Seb; en otras palabras, «La Madre, el Hijo y el Padre de los dioses», la Trinidad egipcia. Esta es otra mentira muy común pero tan débil como una pluma. En las hostias se coloca una inscripción: I.H.S. Esta inscripción es muy antigua y está relacionado con el nombre de Jesús en griego. Mirando por ejemplo una cita como Lc 1, 30 se dice:

καὶ ἰδοὺ συλλήμψῃ ἐν γαστρὶ καὶ τέξῃ υἱὸν καὶ καλέσεις τὸ ὄνομα αὐτοῦ **Ἰησοῦν**.

La palabra resaltada es JESUS, que llevado a mayúsculas es IHΣOUΣ. Como se observa las primeras tres letras son IHS.
Lo más curioso del ataque anticatólico es que no toma cuidado de la argumentación que usa y hacen referencia a una triada egipcia compuesta supuestamente por Isis – Horus – Seb. Dentro de la mitología egipcia que tiene múltiples dioses,

Geb y Nut tuvieron varios hijos, entre esos Osiris (varón) e Isis (mujer). Estos se casaron y tuvieron un hijo llamado (Horus).

¿Pero realmente la triada egipcia la formaban Iris, Horus y Seb? La respuesta es no, y es fácil de comprobar haciendo una búsqueda en internet. La triada la formaban Osiris, Isis y Horus. En el museo de Louvre en París hay una réplica de esta triada llamada Osorkon.

Esta replica contiene las figuras de Iris, Osiris y Horus. Hasta en la misma Wikipedia[1] encontramos sobre la triada de Osorkón:*Las tres figuras de la pieza representan a los dioses de la mitología egipcia:* **Osiris** *(dios de la resurrección),* **Isis** *(Diosa de la maternidad y del nacimiento), y* **Horus** *("el elevado", Dios celeste), llamada tríada osiríaca.*

Refuerzo

La Enciclopedia Católica nos aclara sobre un significado errado que se le asocia a la Compañía de Jesús:

"San Ignacio de Loyola adoptó el monograma en su sello como general de laCompañía de Jesús (1541), y así se convirtió en el emblema de su instituto. **IHS era a veces mal entendido como "Jesus Hominum (o Hierosolymae) Salvator",** *es decir, Jesús, el Salvador de los hombres (o de Jerusalén =Hierosolyma)"*

---

[1] http://es.wikipedia.org/wiki/Tr%C3%ADada_de_Osorkon_II

¿Es inmaculada la Virgen María?

Esto que es un dogma católico es fuertemente rechazado por los protestantes y sectas. ¿Pero por qué?

El Dogma de la Inmaculada Concepción fue promulgado por el Papa Pio IX el 8 de diciembre de 1.854 en la Bula Ineffabilis Deus:
"declaramos, proclamamos y definimos que la doctrina que sostiene que la beatísima Virgen María fue preservada inmune de todo mancha de la culpa original en el primer instante de su concepción por singular gracia y privilegio de Dios omnipotente, en atención a los méritos de Cristo Jesús Salvador del género humano, está revelado por Dios y debe ser por tanto firme y constantemente creída por todos los fieles"

Los católicos respaldamos este dogma en la cita bíblica de San Lucas:
El Ángel entró en su casa y la saludó, diciendo: "¡Alégrate!, llena de gracia, el Señor está contigo". **(Lc 1, 28).**
Estas palabras que el ángel dirigió a María, fueron únicas en toda la Escritura para ella, a nadie más se le llamó así. La palabra en griego para "gracia" es "kejaritomene", una palabra que es construida y que indica: la que siempre está llena de gracia. De esta forma se entiende que en María esa gracia nunca ha estado ausente y por tanto jamás ha sido tocada por el pecado.

Los protestantes sin embargo, argumentan que María no es la única llamada llena de gracia, ya que existe otro personaje llamado igual y que los católicos no consideramos inmaculado: Esteban. En Hechos de los Apóstoles leemos: *Esteban, lleno de gracia y de poder, hacía grandes prodigios y signos en el pueblo.* (**Hch 6, 8**)
Para explicarle a nuestros amigos protestantes, debemos considerar que en la cita de Lucas, la expresión "llena de gracia" reemplaza al nombre, es decir, en vez de decirle María le dijeron: llena de gracia, porque indica su estado. En cambio en la cita de Hechos, "lleno de gracia" se usa como adjetivo y no reemplaza el nombre, pues incluso está acompañado de otro adjetivo: *...y de poder.*
Incluso, la palabra griega usada en Hechos para "gracia" no es kejaritomene sino "jaris" que significa regalo. Así, se entiende que el estado de gracia en María es único.

Otro ataque que sufre el dogma es pensar que por ser inmaculada, María no fue redimida por Dios. Es otro error de los protestantes, pues María al igual que todos nosotros hemos sido redimidos por Dios, y ella misma lo afirma en el Evangelio:
"y mi espíritu se estremece de gozo en Dios, mi Salvador" (**Lc 1, 47**).
María fue redimida sólo que de manera anticipada pues al ser escogida por madre de Dios no podía transmitirle pecado a Jesús. Nosotros fuimos redimidos luego de la Cruz, María lo fue antes, por eso el Papa enseñó que fue preservada por los méritos de Cristo Jesús.

Otro argumento dado es que Jesús pudo ser preservado de pecado sin necesidad de preservar a María desde el nacimiento. Es decir, no preservar a María sino sólo a Jesús, que estaría en el vientre de una pecadora pero sin contaminarse.

Según este argumento María siguió siendo pecadora aun cuando dio a luz a Jesús, eso implica que su papel de madre (no solo de engendrar) lo hizo en el pecado, educar a Jesús, alimentarlo, mantenerlo, todo eso lo hizo siendo pecadora; si bien Jesús se juntaba con pecadores, acá María es quien hizo de guía para él, y no creo que Dios pusiera a la Virgen a guiar a Jesús sin la gracia necesaria.

Por último, hay quienes queriendo seguir secuencia dicen que entonces si María tuvo que ser preservada, también entonces sus padres, abuelos, etc. Respondemos que Dios comunica su gracia en más intensidad a quien más lo necesita, en este caso, María fue llena de gracia porque NECESITABA ser llena de gracia para cumplir su misión. A diferencia de sus padres y abuelos, sólo María estaba en relación directa con Cristo para traernos la Salvación.

www.ingramcontent.com/pod-product-compliance
Lightning Source LLC
Chambersburg PA
CBHW071413040426
42444CB00009B/2225